A CAT'S GUIDE TO THE NIGHT SKY
by Stuart Atkinson, illustrated by Brendan Kearney
Text © 2018 Stuart Atkinson
Stuart Atkinson has asserted his right under
the Copyright, Designs and Patents Act 1988,
to be identified as the Author of this Work.
Illustrations © 2018 Brendan Kearney
All rights reserved.
The original edition of this book was designed,
produced and published in 2018 by Laurence King
Publishing Ltd., London, under the title:
A Cat's Guide to the Night Sky.
This Korean edition was published by Chungaram
Media in 2019 by arrangement with Laurence King
Publishing Ltd. through KCC(Korea Copyright
Center Inc.), Seoul.

이 책은 (주)한국저작권센터(KCC)를 통한 저작권자와의
독점계약으로 청어람미디어에서 출간되었습니다.
저작권법에 의해 한국 내에서 보호를 받는 저작물이므로
무단전재와 복제를 금합니다.

묘한 밤하늘에 별자리가 냥냥

묘한
밤하늘에
별자리가 냥냥

지은이 스튜어트 앳킨슨
그린이 브렌던 키어니
옮긴이 김아림

1판 1쇄 펴낸날 2019년 4월 9일
1판 7쇄 찍은날 2025년 9월 5일

펴낸이 정종호 | 펴낸곳 (주)청어람미디어
편집 박세희 | 마케팅 강유은·박유진
제작·관리 정수진 | 인쇄·제본 (주)성신미디어

등록 1998년 12월 8일 제22-1469호
주소 04045 서울특별시 마포구 양화로56
(서교동, 동양한강트레벨) 1122호
전화 02-3143-4006~8 | 팩스 02-3143-4003
ISBN 979-11-5871-102-3 73440

잘못된 책은 구입하신 서점에서 바꾸어 드립니다.
값은 뒤표지에 있습니다.

품명: 아동도서 | 사용연령: 8세 이상 | 제조국명: 대한민국
제조년월: 2025년 9월 | 제조자명: 청어람미디어
주소: 04045 서울특별시 마포구 양화로56, 1122호
전화번호: 02-3143-4006
종이에 베이거나 긁히지 않도록 조심하세요.
책 모서리가 날카로우니 던지거나 떨어뜨리지 마세요.
KC마크는 이 제품이 공통안전기준에 적합하였음을 의미합니다.

별난 고양이와 함께 떠나는 천문학 여행

묘한 밤하늘에 별자리가 냥냥

스튜어트 앳킨슨 지음 ★ 브렌던 키어니 그림

김아림 옮김

청어람 i 아이

차례

- 별을 관찰해 보자 … 6
- 8
- 왜 하늘을 관찰할까? … 10
- 밤하늘에 반짝이는 불빛 … 12
- 하늘 위의 무늬들 … 15
- 별이란 무엇일까? … 16
- 춤추는 하늘 … 18
- 봄철의 별자리 … 20
- 사계절의 밤하늘 … 24
- 은하수 … 28
- 여름철의 별자리 … 30
- 가을철의 별자리 … 34
- 겨울철의 별자리

그 밖의 멋진 별자리들 · 38

행성들

밤하늘의 어떤 불빛이 행성일까? · 46

별똥별 · 48

흐릿한 얼룩들 · 52

오로라 · 51

더 많이 알고 싶다면… · 54

밤하늘의 움직이는 불빛

이제 떠나요! · 56

용어 정리 60

찾아보기 62

감사의 말 64

별을 관찰해 보자

안녕! 저는 별을 바라보는 걸 좋아하는 고양이, 펠리시티라고 해요.
우주로 간 최초의 고양이 '펠리세트'에서 따온 이름이지요.
여러분도 저처럼 밤하늘 보는 걸 좋아하나요?
저 넓은 밤하늘에 뭐가 있는지 궁금하지 않나요?
이제부터 저와 함께 별을 관찰하며 별에 관한 놀라운 이야기들을 만나 봐요.
제가 안내할게요!

준비해야 할 것

여러분은 아마 당장 밖으로 나가 별을 보고 싶어 몸이 근질근질할 거예요. 하지만 정말로 즐겁게 별을 관찰하려면 먼저 알아둬야 할 것이 몇 가지 있어요.

필요한 물건

별을 보기에 가장 좋은 계절은 겨울이에요. 왜냐하면 태양이 일찍 지고 늦게 떠서 어두운 밤 시간이 길기 때문이죠. 그뿐만 아니라 겨울 하늘에는 밝게 빛나는 별들이 뜬답니다. 하지만 주의해야 할 점이 있어요. 겨울밤은 엄청나게 춥다는 것이죠. (여름이라도 밤에는 쌀쌀할 수 있어요.) 겨울에 밖에서 너무 오래 시간을 보내거나 너무 멀리 이동하면 안 돼요. 체온이 떨어질 수 있거든요. 다음은 겨울밤에 별을 보러 갈 때 여러분이 꼭 준비해야 할 것들이에요.

- 밑창이 두툼한 부츠나 신발
- 쌍안경
- 간식(초콜릿 바가 제일 좋아요)
- 보온병에 든 뜨거운 음료
- 여분의 양말 (정말 추운 날 밤에 필요해요)
- 외투
- 목도리
- 모자
- 손전등
- 장갑

어디로 가야 할까?

여러분이 밤에도 불빛이 환한 지역에 산다면 별을 보기가 어려울 거예요. 이런 경우에는 집에서 가까운 어두운 장소를 찾아야 해요. 다음과 같은 곳들이죠.

> ★ 나무가 가로등 불빛을 가리는 공원
> ★ 도시 변두리의 운동장
> ★ 환한 빛을 피해 높이 올라갈 수 있는 언덕

장소를 잘 선택하기만 하면 별을 더 잘 볼 수 있을 거예요. 어두운 곳일수록 별들은 더 환하게 빛나고 화려한 색을 띠며, 더 많이 반짝여요. 그리고 훨씬 많은 별을 찾을 수 있지요.

안전을 위한 준비

이제부터는 환하고 사람들이 많은, 안전한 장소에서 멀어지기 때문에 조심해야 해요. 자, 다음의 규칙을 잘 따르세요.

> ★ 항상 어른과 함께 움직여요.
> ★ 휴대폰을 가져가요.
> ★ 어디에 가고, 얼마나 밖에 있을 건지, 언제 돌아올지 주변 사람에게 말해 둬요.

이제 여러분은 신나는 밤하늘 모험을 떠날 준비가 된 거다냥!

밤하늘에 반짝이는 불빛

도시의 밤하늘

시골의 밤하늘

빛 공해

여러분이 시골에 살고 있다면 현관문을 나서기만 해도 별을 볼 수 있을 거예요. 하지만 도시에 산다면 별을 제대로 볼 수가 없어요. 왜냐하면 밤마다 집이나 공장, 회사, 가게, 거리에서 불빛이 흘러나오기 때문이에요. 이런 빛들이 도시의 하늘을 칙칙한 주황색으로 만들고 별빛을 가려요. 밤하늘을 연구하는 사람인 천문학자는 이런 현상을 '빛 공해'라고 불러요.

여러분이 별을 보려면 아주 어두운 장소로 가야 하는 것도 이런 이유에서랍니다. 그래야 주변 불빛이 별을 가리지 않으니까요. 일단 적당한 장소에 도착하면, 한동안 가만히 기다려야 여러분의 눈이 밤하늘에 적응할 수 있어요. 약 30분 정도면 지금껏 상상했던 것보다 훨씬 많은 별을 보게 될 거예요!

무엇을 관찰할 수 있을까?

눈이 어둠에 적응하면 이제 무엇이 보일까요? 일단 알아 둬야 할 것은 별과 행성뿐만 아니라 심지어는 달도 우리와 엄청나게 멀리 떨어져 있다는 거예요. 하늘에서 보이는 것 가운데 가장 가까운 물체인 인공위성조차 평균적으로 400킬로미터 떨어져 있어요. 그러면 우리는 이렇게 멀리 떨어진 달이나 행성, 별, 위성을 어떻게 관찰할 수 있는 걸까요?

달

하늘에서 가장 크게 보이는 천체는 달이에요. 달은 모습을 계속 바꿔요. 어떤 날은 커다란 보름달이었다가 몇 주가 지나면 얇은 초승달이 되어 있죠.

행성

우리 태양계의 행성들은 수백만 킬로미터 떨어져 있어요. 그래서 밤하늘에 떠 있는 밝은 점으로 보일 뿐이죠. 밤하늘에 빛나는 것들 중에 행성이 아닌 것과 행성인 것을 알아보는 똑똑한 방법이 하나 있답니다. 이건 조금 이따 알려 줄게요.

별

밤하늘에는 엄청나게 많은 밝은 점들이 있어요. 바로 별들이죠. 별들을 제대로 관찰하려면 성능이 좋은 쌍안경이나 망원경이 필요해요. 하지만 맨눈으로도 수천 개 정도의 별은 볼 수 있죠.

위성

밤하늘을 보면 빠르게 지나가는 빛나는 점들이 보일 거예요. 이는 인공위성이에요. 지구 주변을 돌고 있는 조그만 인공적인 물체랍니다.

왜 하늘을 관찰할까?

사람들은 왜 밤하늘을 관찰할까요?
천문학자들은 우리 태양계와 은하계, 우주를 탐험하기 위해 커다란 망원경으로 하늘을 바라본답니다.
하지만 천문학자뿐만 아니라 저 같은 고양이나 여러분도 하늘을 관찰하며 지구 바깥에 무엇이 있는지 탐험할 수 있어요. 저는 우주가 움직이는 모습이 그저 놀라워서 밤하늘을 관찰하기도 해요.

사람들은 언제나 하늘을 관찰했어요

달의 위치를 비롯해 몇몇 별들이나 별자리는 매년 같은 시기, 같은 자리에 나타나는 경우가 많았어요. 그래서 오랜 옛날부터 농부들은 밤하늘을 관찰해 작물을 언제 심고 거둘지를 짐작했죠.

옛날 사람들은 밤하늘에 나타나는 특이한 현상들을, 좋거나 나쁜 일이 일어날 신호로 여겼어요. 예컨대 달이 평소보다 이상한 색을 띤다든가, 혜성이나 별똥별이 나타나는 것 말이에요. 실제로 먼 옛날의 천문학자들은 이런 현상을 하나의 징조로 해석했고, 그 예측이 틀리면 엄청나게 곤란한 상황에 빠지기도 했어요.

사람들은 별이 일정한 시기에 계속 나타날 뿐 아니라 밤하늘 어딘가에 비슷한 위치에서 빛난다는 것을 알았어요. 그래서 선원들은 바다 위에서 별을 길잡이 삼아 항해했어요. 특히 육지가 보이지 않는 먼 바다에 있을 때 별의 위치가 큰 도움이 되었지요.

별의 이름은 어떻게 지을까?

별들의 이름은 그 유래가 수천 년 전으로 거슬러 올라가요. 대부분은 고대 그리스 시대에 만들어졌죠. 고대 그리스인들은 하늘에 신이나 위대한 영웅들, 환상적인 존재들이 살고 있다고 믿었어요. 그래서 어떤 별자리의 모양이 천상의 존재들을 떠올리게 한다면 별자리에 그 존재의 이름을 붙였답니다.
별과 별자리의 이름은 오늘날 우리가 보기에 꽤 독특하지만, 고대 그리스인에게는 우리 시대의 유명인이나 연예인의 이름처럼 익숙했을 거예요.

별이란 무엇일까?

별들은 전부 뜨겁고 동그란 기체 덩어리예요. 그런데 별을 관찰하기 제일 좋은 날은 해가 쨍쨍한 날이랍니다. 왜일까요?

그건 바로 태양도 사실, 하나의 별이기 때문이죠! 태양은 지구에서 볼 수 있는 가장 가까운 별입니다. 하늘에서 태양이 가장 크고 밝게 빛나는 이유도 바로 이 때문이죠. 그리고 태양은 어마어마하게 커요. 만약 지구가 콩알만 하다면 태양의 크기는 배구공 정도일 거예요.
게다가 믿을 수 없을 만큼 뜨겁죠. (중심부의 온도가 약 섭씨 1,500만 도예요.) 그래서 태양은 1억 4,000만 킬로미터나 떨어져 살고 있는 여러분의 피부를 태울 수 있는 거랍니다.
낮 동안 태양은 하얀색으로 빛나지만 해가 질 무렵에는 주황색이 되었다가 붉게 변해요. 이처럼 색이 변하는 이유는 태양과 우리 사이에 있는 대기 때문이에요.

백색왜성
태양보다 83배 작아요.

적색왜성
태양보다 20배 작아요.

G형 주계열성
우리 태양

주황색거성
태양보다 27배 커요.

적색거성
태양보다 47배 커요.

청색초거성
태양보다 8배 커요.

청색극대거성
태양보다 327배 커요.

적색극대거성
태양보다 2,000배에서 3,000배 더 커요.

별들의 색

별이 전부 뜨거운 기체 덩어리이기는 하지만 모든 별들이 똑같은 모습을 띠지는 않아요. 어떤 별은 크고, 어떤 별은 작죠. 그리고 어떤 별은 다른 별보다 뜨겁고, 어떤 별은 서늘해요.
사실 태양은 우주에서 가장 큰 천체가 아니에요. 심지어 우리 은하★에서도 가장 큰 별이 아니랍니다.
밤하늘을 관찰하면 별이 붉은색, 주황색, 파란색, 흰색으로 보여요. 그 이유는 별들의 온도가 각각 다르기 때문이에요. 가장 뜨거운 별은 흰색과 파란색, 가장 서늘한 별은 주황색과 붉은색으로 빛나요. 금속이 불에 달궈지는 모습을 상상해 보세요. 처음에 금속은 붉은색이었다가 주황색으로 바뀌고, 이어 흰색이 되었다가 마지막에는 파란색으로 빛나요. 별도 똑같답니다.
밤하늘에 보이는 별들의 종류와 상대적인 크기를 살펴볼까요?

★ 거대한 별의 집단을 은하라고 하는데 지구와 태양계가 속한 은하를 '우리 은하'라고 해요.

하늘 위의 무늬들

먼 옛날, 사람들은 여행을 떠나거나 길을 찾으려고 할 때 별을 지도처럼 활용했어요. 그럴 수 있었던 이유는 별이 밤하늘의 일정한 위치에서 별자리를 이루기 때문이에요. 여러분도 별자리를 찾아보면 밤하늘을 더 자세히 관찰할 수 있을 거예요.

← 북두칠성

← 큰곰자리

두 가지 중요한 용어에 대해 알아봐요

별자리 밤하늘에서 별들이 함께 모여 어떤 특정한 무늬나 모양을 만드는 것을 말해요.

성군 어떤 별자리 안에 눈에 띄는 별들이 만든 작은 무늬를 말해요. 별자리 안에 들어 있는 더 작은 형태의 별의 무리라고 할 수 있지요.

북두칠성 일 년 중 거의 어느 때든 밤하늘에서 쉽게 찾을 수 있는 '성군'이에요. 몇몇 사람들은 북두칠성이 국자나 쟁기, 냄비를 닮았다고도 해요.

일곱 개의 청백색 별로 이뤄진 이 성군은 큰곰자리라고 불리는 '별자리'의 일부예요. 별을 관찰하는 사람들은 북두칠성을 기준으로 삼아 밤하늘에서 원하는 별자리를 찾아요.

춤추는 하늘

밤하늘을 잠깐 올려다보면 별들은 움직이지 않는 것처럼 보여요.
하지만 지구가 돌기 때문에 별들도 따라 움직이는 것처럼 보이지요. 마치 춤추는 것처럼 말이에요.

여러분은 별이 움직인다고 생각할지 모르지만 사실은 그렇지 않아요. 실제로 움직이는 것은 지구랍니다! 지구는 팽이처럼 돌아요. 그에 따라 태양은 동쪽에서 떠서 하늘을 가로질러 서쪽에서 지는 것처럼 보이죠. 그러면서 낮과 밤이 생기는 거예요. 별에도 같은 일이 일어나요. 저녁이 시작될 무렵 한 장소에 나타났다가 하늘을 가로질러 새벽 즈음에는 하늘의 다른 쪽으로 옮겨 가요.

나무나 언덕 위에 뜬 별 하나를 잘 봐 뒀다가 나중에 다시 찾아보세요. 별은 어디론가 움직였을 거예요. 높이 올라갔다가 점차 낮게 가라앉거나 아예 지평선 아래로 떨어져 모습을 감추기도 하지요.

겨울밤이 시작될 무렵의 하늘

겨울밤이 끝날 무렵의 하늘

가장 유명한 별

별들 가운데 밤하늘에서 움직이지 않는 별이 딱 하나 있어요. 지구가 북극에서 남극을 관통하는 축을 따라 도는 동안, 이 별은 언제나 북극 바로 위에 떠 있죠. 그래서 마치 돌아가는 팽이 한가운데의 꼭지처럼 이 별은 절대 움직이지 않는 것처럼 보여요. 대신에 이 별을 제외한 모든 천체가 그 주변을 돌죠.
이 별은 북극 바로 위에 있기 때문에 '북극성'이라고 불려요. (과학자들은 '폴라리스'라고도 부르죠.) 먼 옛날 선원들은 결코 움직이지 않는 이 별을 가장 중요하게 여겼어요. 하늘에 내려진 닻인 셈이었죠!
북극성은 밤하늘에서 가장 밝지는 않더라도 꽤 밝은 별이에요. (밤하늘에서 50번째로 밝아요.)

지극성

북극성은 꽤 찾기 쉬워요. 북두칠성 덕분이죠. 국자 모양인 북두칠성에서 손잡이와 가장 멀리 떨어진 우묵한 부분에 있는 별 두 개를 지극성이라고 하는데, 밤하늘에서 이 별들을 직선으로 이어 따라가다 보면 북극성을 발견할 수 있답니다.

사계절의 밤하늘

봄

겨울

밤하늘에는
언제나
멋지고 아름다운
볼거리가 넘쳐나요.

우리 태양계의
다른 행성들도 마찬가지예요.
지구가 궤도를 따라 태양을 돌기
때문에 어느 위치에 있는지에 따라
행성들이 보이기도 하고 사라지기도 해요.

왜냐하면

낮 동안에는 우리 지구와 가장 가까운 별인 태양이 너무나 밝아서 다른 별들은 하나도 볼 수 없기 때문이에요. 그래서 우리는 태양을 마주하지 않는 밤에만 별들을 볼 수 있어요.

전 한동안 밤하늘을 바라보고 나서야 뭔가
수상쩍은 일이 벌어지고 있다는 사실을 깨달았어요.
북극성 주변을 도는 북두칠성은 언제나 관찰할 수 있었지만
다른 별과 그 별이 이루는 별자리는 몇 개월이 지나면 사라졌거든요.

별과 별자리가 나타났다 사라지는 이유가 뭘까요?
계절마다 지구에서 보이는 밤하늘의 위치가
바뀌기 때문이에요.
그래서 봄에 봤던 별을
여름이나 가을, 겨울에
똑같이 볼 수 없답니다.

여름

그리고…

지구는 일 년에 걸쳐
태양의 주변을 한 바퀴
돌아요. 그래서 계절마다
우주의 각기 다른 부분을
보게 된답니다.

북극성이나 북두칠성을 이루는
별들처럼 지구의 자전축
가까이에 있는 별들은
일 년 중 거의 언제나
볼 수 있어요.

가을

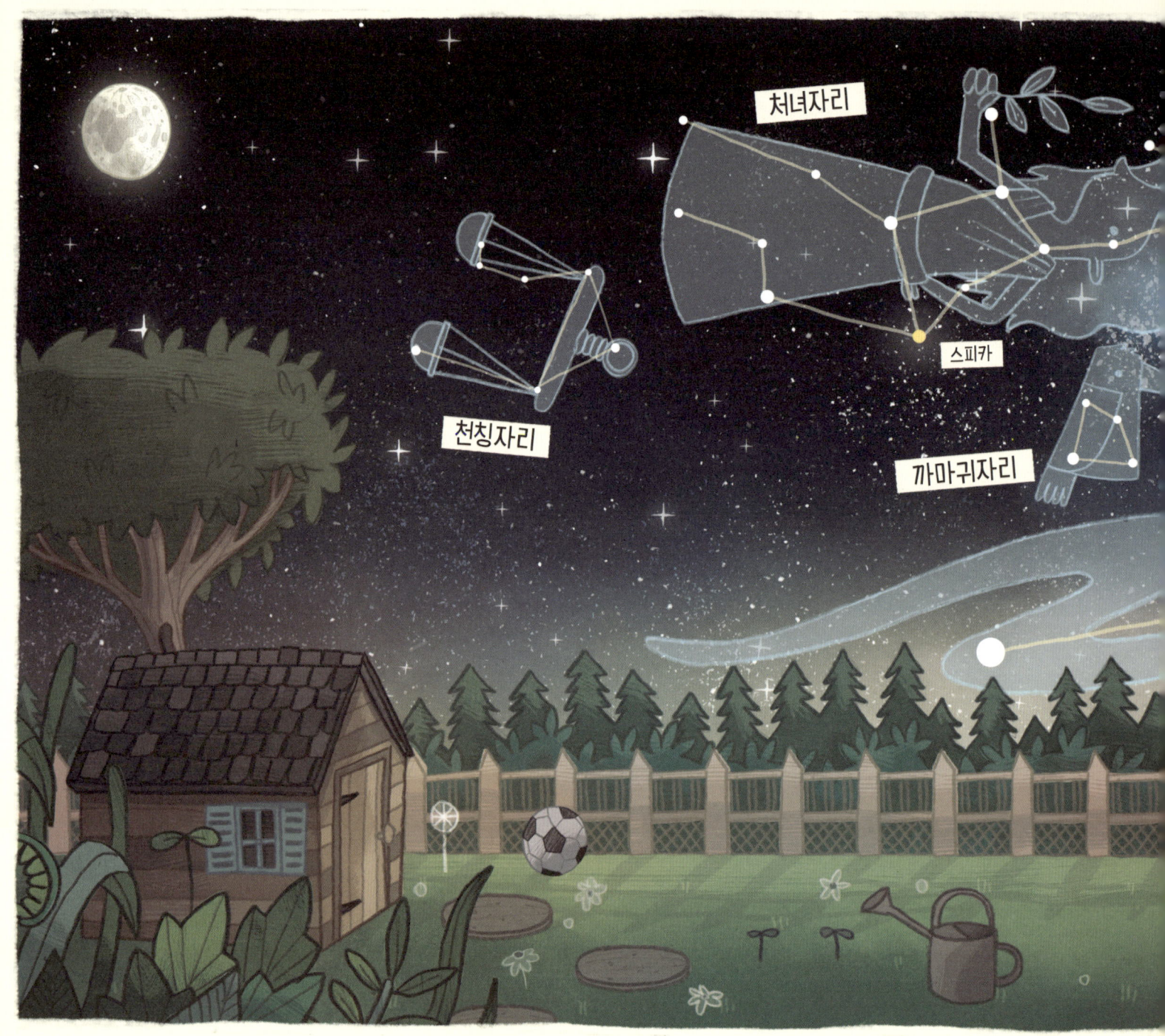

봄철의 별자리

봄철 밤하늘에는 아주 밝은 별이 그렇게 많지는 않지만,
그래도 볼거리가 꽤 많아요!

일곱 가지 주요 봄철 별자리 가운데 가장 먼저 여러분의 눈에 보이는 건 사자자리일 거예요. 사자는 커다란 고양잇과 동물이라서 제가 유독 좋아하는 별자리이기도 하지요. 그리스 신화 속 헤라클레스가 맞서 싸워 죽인 사자에서 비롯한 별자리예요. 바다뱀과 게 역시 헤라클레스의 손에 죽은 희생자였어요. 그리고 처녀자리는 그리스 신화 속 수확의 여신과 관련이 있답니다. 보다 작은 별자리인 까마귀자리, 천칭자리, 컵자리 역시 그리스 사람들이 별자리 모양과 닮았다고 생각하는 사물의 이름을 붙인 거예요. 봄철의 밤하늘에는 이 밖에도 볼거리가 더 많답니다!

낫
사자자리
레굴루스
은하계
게자리
컵자리
바다뱀자리

봄철 밤하늘의 특징

★ 은하계를 많이 볼 수 있어요. 특히 사자자리 안쪽과 처녀자리 바로 아랫부분에서요. 하지만 은하계는 무척 멀리 떨어져 있기 때문에 제대로 보려면 쌍안경이나 작은 망원경이 필요해요.

★ 별자리 안에 특히 환하게 빛나는 별들을 찾아보세요. 사자자리의 레굴루스와 처녀자리의 스피카처럼요.

책장을 한 장 넘기면 봄철의 별자리들을 만날 수 있다옹~

사자자리

사자자리는 봄철 밤하늘에서 가장 찾기 쉬운 별자리예요. 달이 지나가는 길목 한가운데에 자리하기 때문이죠. 그러니 이동하는 달을 따라가다 보면 이 별자리를 찾을 수 있어요. 사자자리는 사실 두 개의 모양으로 이뤄졌어요. 삼각형 하나와 거꾸로 된 물음표 하나죠. 이 두 가지를 합치면 정말 고양이나 사자가 웅크린 모습처럼 보여요. 여기서 물음표 부분은 농부들이 작물을 베는 데 쓰는 도구인 낫과 비슷해서 많은 사람이 그렇게 낫이라고 부르기도 합니다. 사자자리에서 가장 환한 별은 낫의 손잡이 끝에 자리한 레굴루스랍니다.

바다뱀자리

바다뱀은 그리스 신화 속 헤라 여신이 기르던 뱀을 가리켜요. 헤라는 헤라클레스를 죽이려고 이 뱀을 보냈지만 반대로 헤라클레스가 뱀을 죽여 버렸답니다. 바다뱀자리는 밤하늘에서 관찰할 수 있는 가장 큰 별자리인데 구불구불 이어지는 희미한 별들은 눈에 잘 띄지 않기도 해요. 이 바다뱀자리는 게자리 아래쯤에서 꿈틀대며 나아가 게자리, 까마귀자리 아래까지 이어지죠.

게자리

이 별자리는 헤라가 바다뱀을 도우려고 보낸 또 다른 애완동물인 커다란 게에서 비롯했어요. 하지만 헤라클레스는 이 불쌍한 게를 한방에 발로 뻥 차서 하늘로 올려 보냈죠!
게자리를 찾는 가장 좋은 방법은 일단 사자자리 너머로 보이는 빛의 얼룩을 찾는 거예요. 이것은 M44라고 불리는 벌집 성단으로, 게자리의 한가운데에 자리해요. 쌍안경으로 관찰하면 이 성단은 수십 개의 별들이 마치 벌 떼처럼 모여 있답니다.
게자리의 나머지 별들은 거꾸로 뒤집어진 'Y' 자 모양을 한, 상대적으로 희미한 별들이에요.

처녀자리

처녀자리는 봄철 밤하늘에서 둘째로 밝은 별자리예요. 이 별자리는 수확의 여신과 닮았다고 여겨지죠. 하지만 실제로는 옆으로 눕힌 지팡이와 더 닮았어요.
처녀자리에는 환하게 빛나는 별 하나가 있는데 바로 선명한 청백색을 띤 스피카예요.
스피카는 사실 하나의 별이 아니라 서로의 주변을 도는 두 개의 별로 이뤄졌어요.
하지만 이것을 관찰하려면 전 세계에서 가장 성능 좋은 망원경이 필요하죠.
보통의 망원경으로는 처녀자리의 아랫부분을 따라 자리한, 작은 빛의 수많은 얼룩으로밖에 보이지 않아요. 이것은 놀랄 만큼 멀리 떨어진 은하계의 모습이에요.

천칭자리

처녀자리 옆에 자리한 조그만 별자리예요.
이 별자리는 옛날에 물건의 무게를 재던 저울인 천칭을 닮았어요.
제 생각에는 로켓이나 집을 더 닮은 것 같지만요!

그리스 신인 아폴론이 물을 마시던 컵이 하늘에 올라가 이 별자리가 되었다고 해요. 하지만 별들이 무척 희미해 관찰하기는 쉽지 않아요. 그래도 컵자리는 북반구에서 항상 낮은 하늘에 걸려 있어 나무나 건물 바로 위쪽에서 볼 수 있어요. 마치 손잡이가 없는 옛날식 술잔이 엎어진 것처럼 보이지만, 제가 봤을 때는 까마귀자리에 별을 몇 개 더한 모습과 비슷한 것 같아요.

컵자리

독수리자리, 백조자리처럼 밤하늘에는 새의 이름이 붙은 별자리가 많아요. 처녀자리의 스피카 오른쪽 아래에 자리한 까마귀자리도 마찬가지예요. 이 별자리를 보면 고양이인 저는 배가 고파져요. 사실 찌그러진 상자처럼 보이는 이상하게 생긴 까마귀지만요. 아니면 머리를 누가 한입 베어 문 까마귀처럼 보이기도 해요. 냠!

까마귀자리

여름철의 별자리

밝은 별을 먼저 찾고 그 주변의 어두운 별을 살펴보면
여름철 밤하늘의 크고 선명한 별자리들을 쉽게 찾을 수 있어요.

여름철 별자리들은 봄철에 비해 맨눈으로도 선명하게 보여요. 여름에는 한밤중에도 완전히 깜깜해지지 않기 때문에
별자리를 관찰하려면 조금 더 오래 기다려야 하지만요. 그리고 여름철 별자리는 몇 시간 정도만 제자리에 머물러요.
여러분이 하룻밤 잠을 포기해도 괜찮다면 일 년 중 가장 따뜻한 계절에 멋진 별자리들과 많은 천문 현상들을
구경할 수 있어요!

여름철 밤하늘의 특징

★ 우리 은하인 은하수가 가장 잘 보이는 계절이에요.

★ 8월 중순에는 별똥별을 많이 관찰할 수 있어요.

★ 백조자리, 독수리자리, 거문고자리에서 각각 무척 밝은 별이 보여요. 이 세 별을 '여름의 대삼각형'이라고 부른답니다.

책장을 한 장 넘기면 여름철의 별자리들을 만날 수 있다옹~

백조자리

많은 사람이 백조자리야말로 여름철의 대표 별자리라고 생각해요. 어둠이 내리면 머리 위로 곧장 보이는 별자리거든요. 주변이 무척 어두우면 백조의 쭉 뻗은 날개를 이루는 희미한 별까지도 볼 수 있어요. 이 별들은 은하수를 따라 아래로 흘러가요. 백조의 꼬리 끝에는 이 별자리에서 가장 밝은 별인 데네브가 있어요. 데네브는 '여름의 대삼각형'의 한 꼭짓점인 별이기도 합니다. (대삼각형의 나머지 두 꼭짓점 별은 독수리자리와 거문고자리에 있어요.) 그뿐만 아니라 데네브는 백조자리 안에 있는 북십자성 성군에 들어가기도 해요. 십자가처럼 생긴 이 성군은 백조자리를 구성하는 주된 별 다섯 개로 이뤄졌어요. 또 맑고 캄캄한 밤이면 백조의 목 한쪽 옆에 반짝이는 얼룩이 보일 거예요. 바로 백조자리 성단인데, 멀리 떨어진 수많은 별들로 이뤄졌답니다. 쌍안경을 통해 그 멋진 모습을 관찰할 수 있어요.

독수리자리

은하수와 가까운 이 별자리는 그리스의 신 제우스가 키우던 애완동물인 독수리에서 비롯했어요. 희미한 별들을 잇다 보면 독수리의 날개가 나타나는데 제가 봤을 땐 연처럼 보이기도 해요. 이 별자리에서 가장 밝은 별인 알타이르는 '여름의 대삼각형'을 이루는 별 세 개 가운데 하나랍니다.

거문고자리

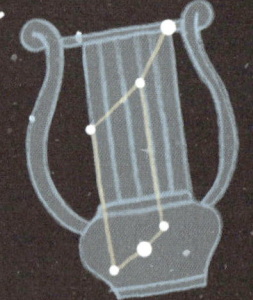

이 별자리는 작은 별들이 빽빽하게 모여 있어요. 고대 그리스의 전설적인 시인인 오르페우스가 연주하던 리라에서 비롯했죠. 옛날의 별자리표를 보면 독수리가 거문고자리를 받치고 있는 것처럼 보이는데 여러분이 관찰할 수 있는 것은 아름다운 파란 별 베가와 그 아래에 자리한 보다 희미한 별들이 이루는 조그만 상자 모양이죠. 베가는 '여름의 대삼각형'을 이루는 또 하나의 별이랍니다.

궁수자리

궁수자리는 여름철 밤하늘 남쪽에 낮게 자리해요. 하지만 어둡고 낮은 지평선 근처에서만 볼 수 있죠. 이 별자리는 활을 쏘는 궁수에서 비롯했는데, 이 궁수는 사람이 아니라 켄타우루스인 키론이었답니다. 켄타우루스는 반은 인간이고 반은 말인 신화 속 존재예요. 밤하늘의 별자리를 이루는 많은 존재가 그렇듯이 키론 역시 헤라클레스의 공격을 받았어요. 궁수자리는 '찻주전자'라는 별명도 있어요. 별자리의 모양이 오른쪽으로 기울어져 차를 따를 준비가 된 찻주전자처럼 생겼거든요. 궁수자리 안에는 흥미로운 희미한 얼룩이 여럿 있어요. 그러니 이 별자리를 관찰할 때 쌍안경을 이리저리 옮겨 보면 작은 반점 같은 성단이나 뿌연 성운을 볼 수 있을 거예요. 성운이란 가스와 먼지로 이뤄져 환하게 빛나는 구름으로, 여기서 별들이 탄생한답니다.

헤라클레스자리

헤라클레스는 밤하늘 별자리의 슈퍼 히어로예요. 신화에서도 헤라클레스는 밤하늘의 별자리가 된 여러 괴물들과 싸운 걸로 유명하죠. 하지만 헤라클레스와 어울리지 않게 이 별자리는 작고 특징이 없어 조금 시시한 편이에요. 가장 흥미로운 볼거리가 있다면 M13이라고 불리는 작지만 아름다운 구상성단이죠. 이 성단은 언뜻 보면 조그맣고 희미한 별 같지만 망원경으로 관찰하면 수천 개의 별들이 공처럼 뭉쳐 있는 모습을 볼 수 있어요.

이 별자리는 말 그대로 뱀 주인처럼 보인다고 해서 이런 이름이 붙었어요. 하지만 내 생각에는 아무도 이 별자리를 보고 뱀을 든 남자를 떠올리지는 않을 것 같아요. 그보다는 어린아이가 그린 집처럼 생겼죠. 이 별자리는 은하수의 한쪽 옆에 자리하는데, 가장 밝은 별인 라스알하게가 눈에 띄어요. 이 별은 뱀 주인의 눈, 또는 집 모양의 지붕 꼭대기에 자리해요.

뱀주인자리

궁수자리의 오른쪽에는 전갈자리가 있어요. 그리스 신화에서 오리온이라는 이름의 사냥꾼이 죽였던 전갈에서 따왔죠. 이 별자리는 실제로 꼬리에 독침이 달린 전갈처럼 생겼어요. 하지만 적도 북쪽에서는 지평선이 가로막는 바람에 전갈의 머리와 발톱만 보인답니다. 그래도 전갈자리는 한번쯤 관찰할 만한 가치가 있어요. 주황빛을 띤 붉은색의 가장 밝고 아름다운 별 안타레스를 볼 수 있기 때문이에요.

전갈자리

은하수

여름은 일 년 중 가장 아름다운
밤하늘을 관찰하기에 딱 맞는 계절이에요.
은하수를 볼 수 있기 때문이죠.

은하수는 우리 태양계가 포함된 은하예요. 은하는 나선 모양의 팔이 있는데 지구는 이 팔 한쪽 구석에 자리하기 때문에, 여름이 되면 은하수의 많은 부분을 관찰할 수 있는 자리에 오게 되죠. 이때 우리 눈에 보이는 것은 엄청나게 많은 별로 이뤄진 띠예요. 별들이 서로 무척 가까워서 하나의 기다란 구름처럼 보이는 것이죠. 옛날 사람들은 이것을 보고 '우유가 밤하늘을 따라 흐른다(Milky Way)'고 상상했어요.

은하수를 관찰할 때 가장 먼저 눈에 띄는 것은 길게 이어지는 안개 같은 흔적이에요. 밤하늘을 거의 반으로 가를 정도죠. 여러분의 눈이 어둠에 익숙해지면 은하수의 한가운데에 별들이 잔뜩 모여 있는, 더 밝은 구역이 있다는 사실을 알게 될 거예요. 그뿐만 아니라 어두운 구역도 있는데, 이곳은 먼지 구름이 별빛을 가렸기 때문에 어두워 보이는 거예요.

남반구에서는 은하수의 한가운데를 관찰할 수 있어요. 무척 환해서 그 빛으로 밤에 책을 읽을 수 있을 정도랍니다!

우리 태양이에요!

은하계 바깥에서 은하수를 바라본 모습이에요.

반짝이는 은하수를 사진으로 찍어 보면 한가운데가 노르스름한 주황색으로 타오르는 것처럼 보여요. 그리고 푸른색과 붉은색을 띠는 별들의 뭉치와 구름이 보이죠. 하지만 맨눈으로 보면, 아무리 쌍안경이나 망원경의 도움을 받는다 해도 이 사진처럼 다양한 색깔은 관찰할 수 없답니다.

이 빛의 얼룩이 사실은 또 다른 태양으로 이뤄졌고, 그 가운데 상당수가 자기 주위를 도는 행성을 거느렸다고 상상해 보면 정말 놀라워요. 그곳에서도 누군가, 아니면 무언가가 나를 관찰하고 있지 않을까요?

은하수를 이루는 별들은 대부분 희미하게 보여요. 그래서 조금만 빛 공해가 있거나 큼지막하고 밝은 달이 떠 있으면 이 별들은 보이지 않죠. 이럴 때는 기껏해야 뿌연 청회색의 구름만 볼 수 있을 뿐이에요.

하지만 깜깜한 하늘에서 쌍안경을 사용해 은하수를 관찰한다면, 엄청나게 많은 별들을 볼 수 있어요. 마치 까만 종이에 소금을 뿌려 놓은 것 같죠. 뭐가 뭔지 알아보지 못한다 해도 걱정 말아요. 그냥 이 많은 별들을 즐기는 것만으로 충분해요.

가을철의 별자리

저와 같은 밤하늘 관찰자들은 가을이 시작되는 무렵을 좋아해요.
밤이 길어지고 한밤중에는 하늘에 별이 가득하거든요.

가을철의 대표 별자리는 큰곰자리와 작은곰자리, 페가수스자리, 카시오페이아자리, 페르세우스자리, 안드로메다자리, 삼각형자리예요. 이 별자리들은 큼직하고 서로 가까이 있는 데다 별들이 밝아서 쉽게 찾을 수 있어요. 큰곰자리와 작은곰자리 안에는 밤하늘에서 가장 유명한 북두칠성과 북극성이 있어요. 그 밖의 다른 별자리들은 그리스 신화 속 멋진 영웅인 페르세우스의 이야기에서 비롯했죠. 페르세우스는 날개 달린 말인 페가수스를 타고 다니면서 무시무시한 괴물로부터 아름다운 안드로메다 공주를 구했답니다.

가을철 밤하늘의 특징

★ 페가수스자리에는 '대사각형'이라고 불리는 성군이 있어요.

★ 맨눈으로도 안드로메다자리 한가운데에 자리한 은하계를 관찰할 수 있어요. 이 은하계는 무려 200만 광년이나 떨어져 있답니다!

★ 쌍안경이나 작은 망원경을 활용하면 페르세우스자리와 카시오페이아자리 사이에 있는 이중성단을 관찰할 수 있어요. 소복하게 쌓인 두 개의 설탕 더미처럼 보여요.

책장을 한 장 넘기면 가을철의 별자리들을 만날 수 있다옹~

페르세우스자리

페르세우스 역시 그리스 신화 속의 유명한 영웅이에요. 가을철 밤하늘은 거의 페르세우스의 놀라운 모험을 기념하는 이야기책 같죠. 내 생각에 페르세우스자리는 위아래가 뒤집어진 'Y'자, 아니면 가위처럼 생겼어요. 하지만 여러분이 예전부터 알려진 방법으로 별을 잇다 보면 전사가 한 손에 칼을 들고 다른 손에는 무서운 괴물인 메두사의 머리를 든 모습을 볼 수 있을 거예요. (메두사는 사람들이 자기 모습을 바라보기만 해도 그 사람을 돌로 만들 수 있었죠.) 페르세우스는 페가수스를 타고 또 다른 무시무시한 괴물로부터 안드로메다 공주를 구한 이야기로 유명해요.

페가수스자리

밤하늘 관찰자들에게 가장 좋아하는 가을철 별자리가 무엇인지 물어본다면 대부분 페가수스자리라고 대답할 거예요. 그런데 그리스 신화에 등장하는 페가수스의 모습은 좀 별나죠. 날개가 달린 말이니까요! 페르세우스는 평상시에 페가수스를 타고 다녔다고 해요. 조금만 상상력을 발휘해 보면 이 별자리를 이루는 별들이 하늘에 거꾸로 매달린 채 날아다니는 말처럼 보일 거예요. 그리고 페가수스자리에서 가장 밝은 네 개의 별은 대사각형이라고 불리는 성군을 이루죠.

안드로메다자리

불쌍한 안드로메다! 안드로메다의 부모님은 굶주린 바다 괴물에게 바치려고 자기 딸을 쇠사슬로 바위에 꽁꽁 묶었어요. 다행히도 페가수스를 탄 페르세우스가 마침 근처를 지나가다가 안드로메다를 구했죠. 이 별자리는 페가수스자리에서 두 개의 선을 연장한 자리에 있어요. 페가수스의 뒷다리가 있음직한 자리에서 안드로메다자리가 시작되죠. (어쩌면 안드로메다는 정말 이렇게 페가수스의 다리에 매달려 바다 괴물의 손아귀에서 탈출했는지도 몰라요!)

큰곰자리

작은곰자리

당연한 말이지만 작은곰자리는 작은 곰 모양이에요! 이 별자리는 다리가 없는 큰곰자리의 축소판처럼 보여요. 그래서 이 작은곰자리의 가장 밝은 별들은 소북두칠성이라고 불러요. 그리고 이 별자리의 꼬리 끄트머리에는 밤하늘에서 가장 중요한 별인 북극성이 자리한답니다.

북두칠성이 있는 큰곰자리는 일 년 중 언제나 볼 수 있어요. 하지만 북두칠성을 관찰하기에 가장 좋은 계절은 가을이죠. 어둠이 내리고 북쪽 하늘을 바라보기만 해도 여러분의 눈앞에는 국자 모양 북두칠성의 우묵한 부분이 큼직하게 보일 거예요. 왼쪽에는 긴 손잡이가 보이고요. (큰곰자리에서 곰의 머리와 다리는 꽤 희미한 별들로 이뤄졌어요. 그래서 아주 캄캄한 장소가 아니면 이 별들을 찾는 데 고생할지도 몰라요.)

가을날 저녁에 동쪽 하늘 높은 곳을 올려다보면 'W'자를 이룬 별들을 볼 수 있어요. 바로 카시오페이아자리죠. 이 별자리는 작지만 무척 눈에 잘 띈답니다. 카시오페이아자리는 일 년 내내 관찰되지만 지구가 공전하기 때문에 이 별자리도 움직이는 것처럼 보여요. 그래서 겨울철에는 'M'자에 가깝게 보이죠. 카시오페이아는 그리스 신화 속 여왕의 이름이에요. 성격이 거만했던 카시오페이아 여왕은 자기 딸이 신보다 아름답다고 말했다가 신들의 노여움을 사서 하늘의 별자리가 되고 말았어요!

카시오페이아자리

삼각형자리

삼각형자리는 이름 그대로 세 개의 별이 조그만 삼각형을 이룬 별자리예요. 여러분이 학교에서 연주하는 트라이앵글 모양이 아니라 건축가들이 길이를 측정할 때 쓰는 삼각자 같은 모양이에요.

겨울철의 별자리

북극 탐험대처럼 꽁꽁 싸매고 겨울철 하늘을 관찰해 봐요.
천문학자들은 겨울에 일 년 중 최고로 멋진 밤하늘을 볼 수 있다고 말하죠.

겨울에는 날씨가 추워서 일 년 중 다른 어느 때보다 훨씬 선명하고 쾌청한 하늘을 볼 수 있어요. 게다가 일찍 어두워지기 때문에 밤하늘을 관찰할 시간도 길죠. 저녁 일찍부터 관찰할 수도 있고요. 겨울은 환한 별과 아름다운 성단, 성운을 볼 수 있고 멋진 유성우도 관찰할 수 있는 계절이랍니다.

카펠라
마차부자리
플레이아데스성단
베텔게우스
오리온자리
히아데스성단
쌍둥이자리 유성우
황소자리
오리온의 벨트
알데바란
리겔

겨울철 밤하늘의 특징

★ 12월 중순에는 쌍둥이자리에서 별똥별이 쏟아지는 쌍둥이자리 유성우를 관찰할 수 있어요.

★ 망원경으로 오리온의 벨트에 매달린 칼을 이루는 별들과 아름다운 오리온성운을 볼 수 있어요.

책장을 한 장 넘기면 겨울철의 별자리들을 만날 수 있다옹~

오리온자리

오리온자리는 그리스 신화 속 한 사냥꾼에서 비롯했어요. 오리온이 힘센 황소와 맞서 싸우는 장면을 상상해 보세요. 오리온 옆에는 충성심 강한 사냥개들이(큰개자리와 작은개자리) 따르죠.
오리온자리는 북두칠성 다음으로 유명한 별자리예요. 찾기도 무척 쉬운 편이죠. 모래시계 모양을 이루는 별들을 찾으면 돼요. 모래시계 중간에는 세 개의 푸른 별이 짧은 직선을 이루는데 이 별들을 '오리온의 벨트'라고 부르죠. 오리온사리 속에는 겨울철 밤하늘에서 볼 수 있는 가장 밝은 별 두 개가 있어요. 하나는 이 별자리의 왼쪽 꼭대기에 자리한 주황색의 베텔게우스고, 다른 하나는 오른쪽 아래에 있는 차가운 푸른색의 리겔이에요. 오리온의 벨트 왼쪽에 짧은 직선을 이루는 희미한 별 세 개도 찾아보세요. 이는 벨트에 매달린 오리온의 칼이랍니다.

큰개자리

이 별자리는 오리온의 사냥개 가운데 한 마리로 알려져 있어요. 저 같은 고양이는 사냥개를 그렇게 좋아하지 않지요. 어떤 사람들은 이 별자리가 그리스 신화에서 지하세계를 지키는 머리 셋 달린 개라고 말하기도 해요. 큰개자리에는 우리가 밤하늘에서 관찰할 수 있는 가장 밝은 별이 하나 있어요. 바로 시리우스인데, '천랑성'이라고도 불려요. 시리우스를 관찰하려면 오리온의 벨트를 먼저 찾는 게 좋아요. 오리온의 벨트가 가리키는 아래쪽을 따라가면 이 별이 보이거든요. 시리우스는 무척 환하게 반짝이기 때문에 마치 밤하늘의 커다란 다이아몬드 같아요. 시리우스가 반짝이는 건 지구의 대기를 이루는 공기의 움직임이 이 별에서 나오는 빛을 이리저리 굴절시키기 때문이에요.

작은개자리

작은개자리는 진짜 개처럼 생겼다기보다는 큰개자리와 가깝게 붙어 있는 작은 한 쌍의 별이기 때문이에요. 그러니 고양이인 제가 이 별자리를 봐도 목 뒤의 털이 쭈뼛 서지는 않죠. 두 개의 별 가운데 더 밝은 별은 프로키온인데 '강아지'라고도 불려요.

오리온자리에서 오른쪽 위로 올라가면 선명하게 'V'자를 이루는 별들이 보여요. 오리온을 공격하는 황소의 날카로운 뿔인 이 별들은 '히아데스성단'이라는 커다란 성단을 이루죠. 한쪽 뿔의 끝에는 진한 붉은색의 '알데바란'이라는 별이 있어요. 알데바란은 황소의 눈에 해당해요. 황소의 어깨에는 푸른색 별들이 작은 매듭을 지은 듯이 자리해 있는데 마치 작은 북두칠성 같아요. 이것은 플레이아데스성단이라 불리는 또 다른 성단인데 '일곱 자매'라는 별명을 갖고 있어요. 여러분의 시력이 좋다면 환하게 반짝이는 일곱 개의 별들을 맨눈으로 관찰할 수 있을 거예요. 쌍안경으로 들여다보면 이 별을 비롯한 수십 개의 별들도 관찰할 수 있어요.

황소자리

이 별자리는 그리스 신화 속에 네 마리의 말이 끄는 마차를 발명한 사람에서 비롯했어요. 사실 내가 보기에는 커다란 오각형처럼 보이지만요. 이 가운데 노란빛을 띠는 '카펠라'가 가장 밝은 별이랍니다.

마차부자리

쌍둥이자리

여러분이 조금만 상상력을 동원하면 겨울철 밤하늘에서 오리온자리 왼쪽 위에 바싹 붙은 한 쌍의 사람 모양을 볼 수 있답니다. 바로 쌍둥이자리죠. 이 별자리는 그리스 신화에 등장하는 카스토르와 폴룩스라는 쌍둥이에서 비롯했어요. 쌍둥이자리 근처에서는 우리 태양계의 다른 행성들을 종종 관찰할 수 있어요.

그 밖의 멋진 별자리들

앞에서 소개한 별자리들 말고도 볼 만한 별자리들이 몇 가지 있어요.
이들 별자리는 여름이나 가을에 가장 잘 관찰할 수 있답니다.

양자리

그리스 신화에서 영웅인 이아손은 무시무시한 용이 지키는 황금 양털을 훔쳐 오라는 험난한 임무를 떠맡았어요. 양자리의 양은 이 황금 양털의 주인이랍니다. 지그재그 모양의 선으로 이루어져 있죠. 가끔은 밝은 행성의 궤도가 양자리 구역을 지나가기도 해요.

물고기자리

고대 그리스 사람들은 이 별자리가 물고기를 닮았다고 생각했는지 모르지만 다행히도 제 눈에 그렇게 보이지 않아요. 물고기처럼 보였다면 제가 벌써 먹어 치워 버렸을지도 모르니까요! 안드로메다자리에 있는 밝은 별들이 지나간 자국 아래쪽을 살펴보면 물고기자리의 희미한 별들이 보여요.
이 별들은 한쪽으로 치우친 'V'자 모양을 이루죠. 양자리와 마찬가지로 이 별자리 근처에도 별자리를 통과하는 '손님 별'들이 관찰되는 경우가 많아요.

물병자리

물병자리는 고대 그리스 신들을 위해 물이 든 항아리를 이고 올림포스산을 올랐던 소년에서 비롯했어요. 하지만 제가 보기에 이 별자리는 끈이 달린, 공기 빠진 풍선처럼 보여요. 그리고 양자리, 물고기자리와 마찬가지로 물병자리 구역에서도 가끔 행성이 지나가기도 해요.

북쪽왕관자리

이 별자리는 크레타의 왕 미노스의 딸인 아리아드네가 썼던 왕관에서 비롯했다고 해요. 북쪽왕관자리를 이루는 조그만 반원 모양의 별들은 밤하늘에서 찾기 쉬워요. 헤라클레스자리와 가깝기도 하죠. 이름 그대로 이 별자리는 밤하늘에 매달린 보석 박힌 왕관과 비슷하답니다.

목동자리

목동자리는 북두칠성 가까이에 있어요. 그래서 천문학자들은 북두칠성의 손잡이 모양 쪽 곡선을 따라 선을 이어 목동자리에서 가장 밝은 별인 아르크투루스를 찾아내곤 하죠. 옛날 사람들은 이 별자리가 목동, 또는 사냥꾼이나 수확의 여신 케레스의 아들이라고 상상했어요. 하지만 제가 보기에 삼각형을 이루는 이 별들은 마치 실에 매달린 연이나 아이스크림 콘 같아요!

달

여러분이 밤하늘에서 가장 먼저 관찰했던 대상은 아마 달이었을 거예요. 여러분은 달이 사실은 지구 주변을 도는 둥글고 커다란 바윗덩어리라는 사실을 아나요?

달의 바다 달의 표면에는 다른 곳보다 어두운 구역이 있어요. 이곳은 '바다'라고 불리지만 실제로 물이 있지는 않아요. 이 구역은 용암이 얼어붙어 만들어진 거대한 평원이죠. 지구상의 어느 지역에서 달을 관찰하느냐에 따라, 이 바다의 모양을 사람 얼굴로 보기도 하고 토끼 모양으로 보기도 해요.

달의 분화구 달에서 다른 곳보다 밝게 보이는 구역이에요. 분화구란 수십억 년에 걸쳐 운석이 달에 떨어져서 깊이 파인 웅덩이죠. 몇몇 분화구에는 주변으로 밝은 색의 선이 뻗어가기도 해요. 이런 선은 무척 큰 운석이 떨어지면서 잔해가 튀어 땅에 남겨진 흔적이죠. 쌍안경이나 망원경으로 달을 관찰하면 이런 흔적을 훨씬 자세하게 볼 수 있어요.

달 관찰하기 달을 관찰하기에 가장 좋은 시기는 보름달을 전후한 며칠 동안이에요. 이때 쌍안경이나 망원경으로 달을 들여다보면, 태양이 비치는 구역과 어두운 구역을 가르는 명암경계선을 훨씬 자세히 살필 수 있죠. 달 표면에는 수많은 분화구와 그 분화구에서 뻗어 나간 잔해들의 선, 들쭉날쭉한 산맥과 이보다 작은 바다가 있어요.

달의 위상 변화

여러분은 매일 달의 모양이 조금씩 바뀐다는 사실을 알아챘나요? 이런 현상이 나타나는 이유는 우리가 달의 표면에 태양 빛이 반사된 모습을 보기 때문이죠. 달은 지구 주변을 돌고, 지구는 태양 주변을 돌기 때문에 태양에서 온 빛은 시간이 지나면서 달의 서로 다른 구역에 비춰요. 그에 따라 우리 눈에는 달의 모양이 바뀌는 것처럼 보이죠. 우리 쪽을 향한 달 표면이 빛을 받아 나타나는 여러 모습을 달의 '위상'이라고 해요.

달의 위상은 무척 규칙적으로 바뀌기 때문에 옛날 사람들은 이것을 활용해 시간을 재기도 했어요. 먼 옛날에 만들어진 달력은 전부 달의 위상에 기반합니다.
오늘날 우리가 주로 사용하는 달력은 태양력이에요. 다시 말해 태양 주변을 도는 지구의 움직임에 기반을 두고 있는 것이죠. 하지만 수확이나 파종 등의 농업 활동은 여전히 달의 위상을 참고해서 이뤄져요.

그믐달
밤하늘에서 어둡고 흐리한 원의 테두리만 보이는 시기예요. 태양의 빛이 반사되지 않기 때문이에요.

상현 초승달
일단 달 표면에 태양 빛이 반사되기 시작하면 달은 둘째 위상에 들어가요. 그리고 이후로 매일 밤 은백색의 빛나는 부분이 조금씩 커지죠.

상현 반달
태양의 빛이 달의 반쪽을 완전히 채운 모습이 셋째 위상이에요.

볼록하게 차오른 상현달
넷째 위상은 태양의 빛이 표면으로 계속 번지며 차오르는 단계예요. 빛나는 표면의 넓이가 반달보다는 크지만 보름달보다는 작죠.

보름달
태양의 빛이 달 표면을 완전히 비추면 다섯째 위상인 보름달이 돼요.

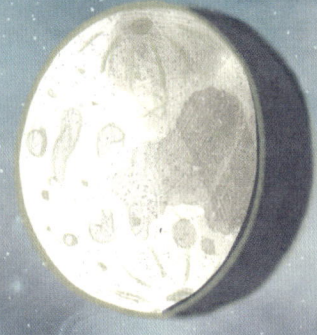

볼록하게 기운 하현달
이제 지금까지의 단계가 반대로 뒤집어져요. 태양 빛을 반사해 빛나는 표면이 조금씩 줄어들기 시작하면서 여섯째 위상이 시작돼요.

하현 반달
반짝이는 표면이 중간 지점에 도달해 반달이 되는 것이 일곱째 위상이죠.

하현 초승달
여덟째 위상에서는 초승달이 다시 나타나요. 반짝이는 표면이 점차 줄어들다가 나중에는 완전히 사라지죠. 새로 돌아가는 거랍니다.

달은 어떻게 만들어졌을까?

달이 처음부터 그 자리에 있었던 건 아니에요. 지금으로부터 45억 년 전 지구는 지금과 무척 다른 모습이었어요. 지구는 태어난 지 얼마 안 된 아기 같았어요. 우주에서 날아오는 돌멩이인 수많은 운석의 폭격을 받는 뜨겁고 둥근 바윗덩어리였죠.

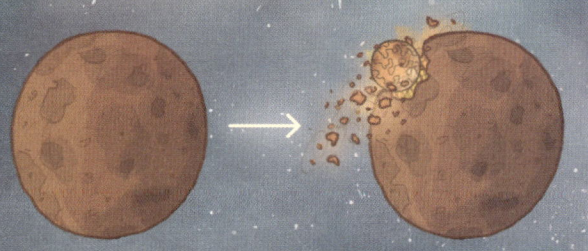

그러던 가운데 다른 것들보다 유별나게 큰 운석이 지구에 다가왔어요. 운석의 크기는 거의 지구의 절반 정도에 달했죠.

이 커다란 운석은 지구에 부딪쳤고, 엄청나게 많은 조각으로 부서지고 흩어졌어요. 지구 표면에서 무척 큰 규모의 충돌 사고가 일어났죠.

월식

지구는 태양 주위를 돌고, 달은 지구 주위를 돌아요. 그렇기 때문에 가끔은 지구를 사이에 두고 이 천체들이 일직선으로 나란히 놓이는 경우가 생겨요. 그러면 지구의 그림자가 달에 드리우죠. 이것을 월식이라고 해요. 달이 완전히 가려지면 개기 월식, 일부만 가려지면 부분 월식이라고 해요.
월식은 일어날 때마다 모습이 다 달라요. 지구의 그림자 때문에 달이 마치 주황색 할로윈 호박처럼 보이기도 하고 달 색깔이 적포도주처럼 변하기도 해요.

 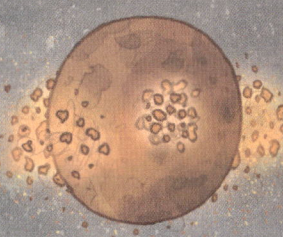 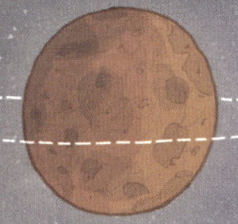

수백만 년 동안 운석의 부서진 조각과 흙이 지구 주변을 떠다녔어요.

시간이 지나면서 이 조각들은 전부 뭉쳐져 고리가 되어 지구 주변을 돌았어요. 마치 토성을 둘러싼 고리처럼 말이에요.

그리고 수백만 년이 더 흘러 고리를 이루던 물질들은 하나로 뭉치기 시작했죠. 이번에는 지구 주위로 일정한 궤도를 그리며 계속 돌았어요.

일식

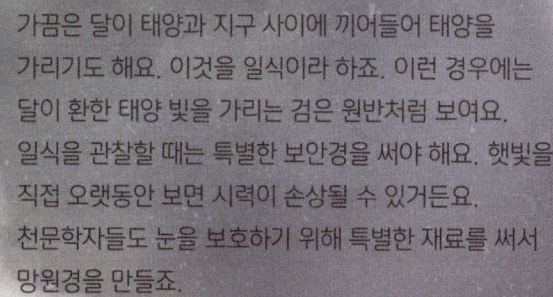

가끔은 달이 태양과 지구 사이에 끼어들어 태양을 가리기도 해요. 이것을 일식이라 하죠. 이런 경우에는 달이 환한 태양 빛을 가리는 검은 원반처럼 보여요. 일식을 관찰할 때는 특별한 보안경을 써야 해요. 햇빛을 직접 오랫동안 보면 시력이 손상될 수 있거든요. 천문학자들도 눈을 보호하기 위해 특별한 재료를 써서 망원경을 만들죠.
해가 완전히 가려지는 개기 일식은 무척 드물게 일어나는데 마치 마법 같아요. 달이 천천히 태양을 가리면 태양은 사라지고 청회색 후광을 둥글게 두른 검은 구멍만 남죠. 그러면 모든 세상이 별나게 변해요. 새들은 동틀 무렵인 줄 알고 노래를 부르기 시작하고, 공기는 쌀쌀해지며 땅에는 잔물결 같은 그림자 띠가 생기죠. 하지만 몇 분이 지나면 태양이 다시 순식간에 나타나고, 모든 것이 제자리로 돌아온답니다.

행성들

우리 태양계의 행성들은 다른 별보다는 지구와 가까이에 있지만, 그래도 무척 멀리 떨어져 있어요.

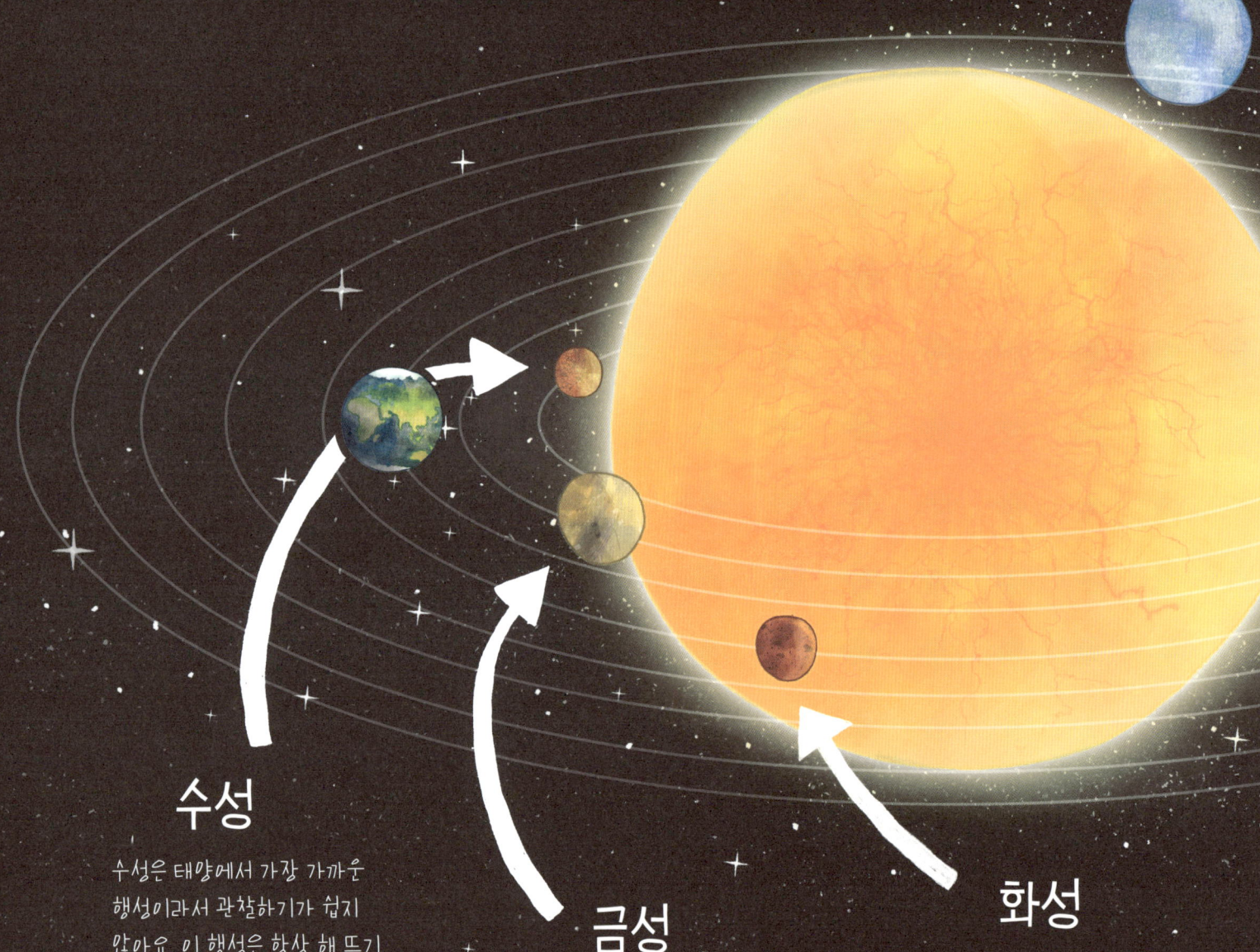

수성

수성은 태양에서 가장 가까운 행성이라서 관찰하기가 쉽지 않아요. 이 행성은 항상 해 뜨기 직전 동쪽 하늘에 낮게 뜨거나, 해가 진 직후에 서쪽 하늘에 뜨거든요. 이때 수성은 은색을 띤 빛의 얼룩처럼 보이죠.

금성

금성은 발견하기 가장 쉽고 가장 밝은 행성이에요. 금성은 해가 뜨기 몇 시간 전(이때 보이는 금성을 '샛별'이라고 불러요), 아니면 해가 지고 난 뒤 몇 시간 동안(이때 보이는 금성을 '개밥바라기'라고 불러요) 관찰할 수 있어요. 여러분이 아주 어두운 곳에서 관찰하면 금성의 밝은 빛이 여러분 뒤에 옅은 그림자를 드리우게 할 정도예요.

화성

비록 화성은 붉은 행성으로 알려져 있지만 붉다기보다 주황색에 가까워요! 2년에 한 번씩 화성이 지구에 가까이 오는 시기에 이 행성은 놀랄 만큼 밝아요. 이때는 그 어떤 별보다도 밝게 보인답니다.

해왕성

불행히도 해왕성은 지구와 너무 멀리 떨어져 있고 무척 희미하기 때문에, 이 행성을 보려면 정말로 망원경이 필요해요. 그리고 왜행성인 명왕성을 보려면 아주 큰 망원경이 필요하답니다!

천왕성

천왕성은 태양과 멀리 떨어져 있기 때문에 태양을 한 바퀴 돌려면 84년이 걸려요. 이 행성은 맨눈으로 보일 만큼 크지만 관찰할 수 있는 장소와 시간을 맞아야 해요. 그리고 하늘이 매우 어두울 때만 볼 수 있어요. 쌍안경과 망원경을 사용하면 천왕성의 연한 초록 빛깔이 보이지만 맨눈으로 보면 작은 흰색 얼룩처럼 보여요.

토성

토성 역시 큰 행성이지만, 목성보다는 작고 지구와 멀리 떨어져 있어요. 그래서 보통은 밝게 보이지 않죠. 무척 어두운 밤에 관찰하면 약간 노란빛이 도는 금빛 색깔을 볼 수 있어요.

목성

목성은 행성 가운데 가장 커요(목성 안에 지구가 1,000개 이상 들어갈 정도랍니다). 하지만 지구와 무척 멀리 떨어져 있기 때문에 금성이나 화성처럼 밝게 보이지 않아요. 그래도 밝을 때는 푸르스름하거나 흰색으로 빛나요.
쌍안경으로 관찰하면 목성 가까이에 조그만 별 같은 천체가 두세 개 보일 거예요. 가끔은 네 개까지 보이죠. 이 천체는 사실 별이 아니라 목성의 64개 위성 가운데 가장 큰 네 개의 위성이랍니다! 이 위성이 목성의 주위를 돌면서 위치가 바뀌기 때문에 그에 따라 보이는 개수가 달라지는 거예요.

밤하늘의 어떤 불빛이 행성일까?

밤하늘에 반짝이는 것이 있다면 그것은 별이에요.
일정하게 빛난다면 그건 아마 행성일 거예요!

행성은 작은 원반처럼 보이지만 별은 빛나는 점처럼 보여요. 그리고 별과 우리 사이에는 대기권의 공기가 있기 때문에
이 별빛은 흔들리고 반짝이죠. 만약 반짝이는 빛이 움직인다면 그건 인공위성이거나(52, 53쪽을 참고하세요) 하늘 높이 나는
비행기일 수 있어요.
맨 처음 하늘에서 행성을 보았을 때 저는 그게 행성인 줄 못 알아봤어요. 밤하늘의 어느 별보다도 밝았지만 반짝거리지
않았고 마치 손전등처럼 하늘에 매달려 있기만 했기 때문이에요. 그런데 그것이 행성인 금성이었답니다.

행성은 별일까?

그렇지 않아요.
달과 마찬가지로 행성은 그 자체로는 빛을 내지
못하고 태양이나 다른 별의 빛을 반사하죠. 행성은 그 빛을
우주 공간으로 엄청나게 멀리까지 반사할 수 있어요. 언제 어디서
관찰하는지만 안다면, 여러분은 망원경 없이도 우리 태양계의 다른
행성들을 볼 수 있을 거예요. 수성, 금성, 화성, 목성, 토성을요. 그리고
여러분이 시력이 정말 좋다면, 천왕성까지 볼 수 있을지도 몰라요.

무슨 행성을 찾고 있나요?

여러분은 어떤 행성을 보려고 할 때 그 행성만 찾으려고 할 거예요. 그런데 행성은 가끔 달이나 다른 행성과 우연히 만나 함께 보이기도 해요(이를 '합'이라고 해요).

여러분의 위치나 관찰하는 계절에 따라 행성은 밤하늘의 각기 다른
구역에서 보여요. 천문학과 관련한 책이나 잡지, 웹사이트를 참고하면
언제라도 행성을 관찰할 수 있는 위치 정보를 얻을 수 있어요. 아니면
휴대폰이나 태블릿 컴퓨터에 관련 앱을 내려받아 볼 수도 있죠.

별똥별

어느 날 밤하늘에 갑자기 빛줄기가 나타났어요.
저는 하늘에서 별이 떨어진 줄 알았죠!

그것은 사실 별똥별이고 진짜 별은 아니었어요. 별똥별은 '유성'이라고도 불리는데, 우주 먼지의 조각이 무척 빠르게 지구 대기권으로 곤두박질치면서 나타나요. 마찰 때문에 이 조각이 불타오르고, 그래서 하늘에 빛줄기가 생기는 거죠. 별똥별은 매우 희미한 것에서 무척 밝은 것까지 다양한데 보통 1초도 안 돼서 사라져요. 몇몇은 푸른색, 초록색, 금색을 띠기도 하지만 대부분은 청백색이에요.

지구의 궤도가 강처럼 흘러가는 '우주 먼지'를 통과할 때 우리는 많은 별똥별을 관찰할 수 있어요. 천문학자들은 이 현상을 '유성우'라고 부르죠.

매년 열 번 정도의 유성우가 나타나요. 그중 8월 중순, 10월 말, 11월 중순, 12월 중순의 유성우는 규모가 크고 매우 인상적이랍니다.

화구와 운석

가끔은 우주 돌멩이 가운데 큰 조각이 지구 대기권에 들어오기도 해요. 이것들은 무척 밝고 훨씬 느리게 움직이며 몇 배나 더 굉장하게 타올랐다가 사라지곤 하죠. 이것을 '화구'라고 불러요. 그리고 이런 돌멩이 가운데 극소수는 완전히 타 없어지지 않고 지표면에 도달해요. 이런 경우 달만큼이나 밝은 빛을 내고, 땅에 떨어지면 창문이 흔들리고 몸이 덜덜 떨릴 정도로 큰 소리를 낸답니다. 땅에 떨어진 이런 돌은 '운석'이라고 불러요.

유성우가 생기는 이유

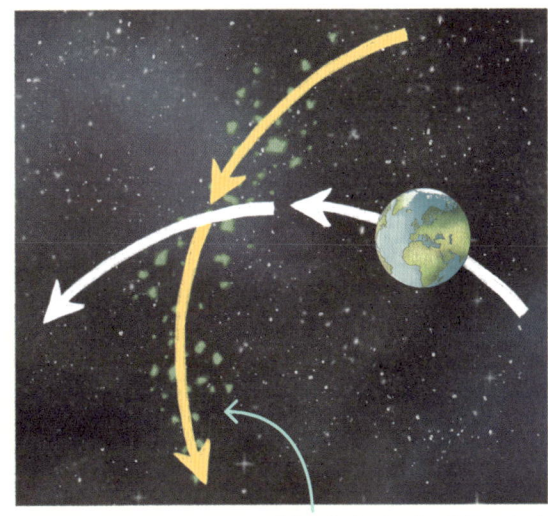

강처럼 흘러가는 우주 먼지

오로라

10월의 어느 날 저녁, 저는 몇 시간 동안 밤하늘을 관찰하고 있었어요. 그런데 갑자기 북쪽 하늘 전체가 붉은 색의 커튼으로 가득 채워지더니 물결처럼 마구 흔들렸어요.

저는 오로라를 본 거예요! '북극광'이라고도 불리는 오로라는 태양 표면에 폭풍우가 일어 기체 물질이 우주 공간으로 쏟아져 나오면서 생겨요. 이렇게 태양에서 일어난 거대한 폭발(플레어)이 지구까지 도달하면 지구 대기의 기체나 자기장과 반응을 일으켜요. 그 결과 기체가 다양한 색깔로 빛나며 여러 형태를 나타내는 거지요.

오로라는 주로 3월에서 4월, 그리고 9월에서 10월에 자주 볼 수 있어요. 그리고 11년마다 한 번씩 태양이 무척 활발하게 활동하는 시기가 되면 더욱 자주 나타나요.

오로라는 어디에서 관찰할 수 있을까?

여러분이 북극이나 남극 근처에 산다면 오로라를 자주 볼 수 있을 거예요. 오로라는 극지방에서 집중적으로 나타나거든요. 가끔은 극지방에서 조금 떨어진 곳에서도 나타나는데, 북반구에서는 프랑스나 미국까지도 내려가 관찰되기도 해요. 남반구에서는 호주까지 올라가 관찰되죠. 오로라가 얼마나 멀리까지 보이는가는 태양의 플레어가 얼마나 큰가에 달려 있어요.
여러분이 오로라를 가까이서 본다면 맨 처음 눈에 띄는 것은 초록색을 띤 무지개가 뚜렷해졌다가 희미해지는 모습일 거예요. 그 안에는 회색이나 흰색의 빛줄기가 두드러지죠. 만약 여러분이 정말로 운이 좋다면 붉은색의 환한 빛 커튼이 하늘에서 춤추는 모습을 볼 수 있을 거예요. 빛 커튼은 물결처럼 주름이 잡혔다가 앞뒤로 이리저리 흔들리죠.

대규모의 태양 폭풍은 언제든 일어날 수 있어요. 이런 현상을 감지하기 위해 태양을 24시간 내내 관찰하는 인공위성들이 있죠. 이런 위성들은 태양 폭풍이 일어나려고 하면 며칠에 걸쳐 경고해 줘요. 수많은 웹사이트를 통해 이 사실을 사람들에게 널리 알리죠. 여러분도 휴대폰이나 컴퓨터에 관련 어플을 설치해 직접 이 정보를 받아 보세요.

밤하늘의 움직이는 불빛

맑은 날 밤하늘 이곳저곳에 수십 개의 불빛이 반짝이는 모습을 본 적이 있을 거예요. 이 불빛은 마치 자유롭게 풀려나 허공으로 솟구치는 별들처럼 보이죠.

사실 이것은 별이 아니에요. 우리를 몰래 엿보는 외계인들의 우주선도 아니랍니다(아마도요)! 이건 사람들이 만든 위성인 인공위성이에요. 수백 킬로미터 상공에서 지구 주위를 도는 작은 비행물체인 인공위성은 태양의 빛을 받아 반짝여요. 하늘에는 수많은 인공위성이 돌아다녀요. 인공위성이 하는 일은 무척 다양해요.

- 배나 비행기가 길을 찾는 데 사용해요.
- 일기예보관들은 인공위성에서 찍은 사진을 활용해 날씨를 예측해요.
- 휴대폰으로 전화나 문자 메시지를 전달하는 데 인공위성이 활용돼요.

국제 우주정거장

여러분이 관찰할 수 있는 가장 밝은 인공위성은 국제우주정거장(ISS)이에요. 수많은 나라에서 온 우주비행사들이 몇 달 동안 이곳에 머물러요. 그러면서 다 같이 앞으로 어떻게 화성까지 비행할 것인지 연습하거나 무중력 상태에서 여러 실험을 하죠. 그리고 발밑에서 움직이는 지구의 사진을 찍기도 해요. ISS를 매일 밤 관찰할 수 있는 것은 아니에요. 나타났다 사라졌다 하죠. ISS를 보려면, ISS가 여러분이 사는 곳 근처로 며칠, 몇 시에 지나가는지를 알려주는 웹사이트나 앱이 있으니 활용해 보세요. ISS에서 출발하거나 지구로 돌아가는 작은 우주선들도 있는데 이를 먼저 볼 수 있는지도 알려줄 거예요. 이 우주선들 중에는 화물을 실은 것도 있고, 사람이 타고 있는 것도 있답니다.

인공위성

오늘날 2,000개가 넘는 인공위성이 지구 주위를 돌고 있어요. 인공위성의 수명은 약 10년 정도인데 수명이 다 되어 멈춘 인공위성은 보통 궤도에 그대로 버려져요. 지구 궤도를 도는 우주 쓰레기가 계속 늘어난다는 뜻이죠.
가끔은 고장 나거나 제대로 궤도에 들어가지 못한 인공위성이 지구 쪽으로 다시 떨어지기도 해요. 그러면 대기권을 지나면서 불타오르기 때문에 아주 밝게 빛나며 천천히 떨어지는 별똥별처럼 보이기도 하죠. 인공위성은 부서진 조각을 흩뿌리며 하늘을 가로질러요.

흐릿한 얼룩들

밤하늘을 관찰하러 나가면 가끔 어느 구석에 흐릿한 무언가가 보이기도 해요. 이렇게 보이는 이유는 천체가 엄청나게 멀리 떨어져 있기 때문이에요. 천문학자들은 '심우주 천체'라고 부르는데 여러분처럼 취미로 밤하늘을 관찰하는 사람들은 그냥 '흐릿한 얼룩'이라고 불러요.

흐릿한 얼룩은 그 이름처럼 흐릿해서 우리가 자세히 들여다볼 수 없어요. 하지만 사진을 찍으면 진짜 모습이 드러나기도 하죠. 보통은 거대 망원경으로 이런 천체의 사진을 찍은 다음 컴퓨터로 가공하면 세밀한 곳까지 끄집어낼 수 있어요. 흐릿한 얼룩은 우리가 볼 수 있는 별들보다 훨씬 멀리 떨어져 있고, 크기도 훨씬 더 커요. 쌍안경이나 망원경을 사용하면 이런 얼룩들을 대부분 볼 수 있어요.

흐릿한 얼룩들은
다음 세 가지 중의
하나인 경우가 많아요.

1. 은하계

몇몇 흐릿한 얼룩은 사실
우리와 이웃한 다른 은하예요.
그동안 전 세계에서 가장
성능이 좋은 망원경들이 약
1,000억 개의 은하를 찾아냈죠.
앞으로 망원경의 성능이 더
좋아질 테니 이 숫자는 더
늘어날 거예요!

2. 성운

또다른 흐릿한 얼룩은 성운이에요. 성운은 아주 먼 우주에
자리한 엄청나게 큰 가스와 먼지 구름이에요. 몇몇 성운은
그 안에 별을 숨기고 있어서 빛을 내뿜죠. 그리고 일부
성운은 근처에 있는 별의 빛을 반사하면서 빛나요.
또, 성운 안에서 별들이 새로 태어나면서 반짝이기도 해요.

3. 성단

또 흐릿한 얼룩은 성단이기도 해요. 대부분의 별들은 둘이
모이거나 더 크게 무리를 지어 성단을 이루는데 이 가운데
'산개성단'은 수십, 수백 개의 별이 모인 거예요. 이 별들은 같은
장소에서 동시에 만들어졌어요. '구상성단'은 나이 많은 별들이
거대한 둥근 공 모양으로 뭉친 것을 말해요. 수백만 개의 별들이
마치 별 떼처럼 한데 뭉쳐 있죠. 이 성단은 멀리 떨어져 있기
때문에 관찰하려면 쌍안경이나 망원경이 필요해요.

더 많이 알고 싶다면…

이제 밤하늘에서 무엇을 관찰할 수 있는지 알게 되었나요? 행성과 별이 어떻게 다른지, 여러분이 좋아하는 별과 별자리를 찾는 방법도 알게 되었을 거예요. 오로라가 어떻게 생기는지, 인공위성을 어떻게 찾을 수 있는지도 알죠. 만약 더 많이 알고 싶다면 다음과 같은 방법을 써 보세요.

컴퓨터 프로그램

컴퓨터에 무료 천체투영 프로그램을 내려받을 수 있어요. 이런 프로그램은 여러분을 위한 맞춤형 별자리표를 만들어 줄 거예요. 그러면 여러분이 밤하늘을 보러 나가는 날짜에 무엇을 관찰할 수 있는지 쉽게 알 수 있어요.

천문학 잡지

서점에 가 보면 천문학과 관련한 잡지가 적어도 한 종류 이상은 있을 거예요. 천문학 잡지에는 별자리표나 내가 사는 지역의 하늘에서 무엇을 관찰할 수 있는지에 대한 정보가 가득해요.

성도

성도는 밤하늘의 자세한 지도예요. 모든 별과 별자리에 이름이 붙어 있고 수백 개의 성단과 성운, 은하의 위치가 표시되어 있어요.

천문학 앱

스마트폰이나 태블릿 컴퓨터가 있다면 엄청나게 많은 천문학 관련 앱을 사용할 수 있어요. 이런 앱은 ISS가 언제 하늘을 가로지르는지, 유성우를 가장 잘 관찰할 수 있는 시기가 언제인지, 일식이나 월식을 언제 볼 수 있는지 등을 알려 줘요. 그중에서도 가장 좋은 것은 천체투영관 앱이에요. 정해진 날짜와 시간에 무엇을 관찰할 수 있는지 보여 주거든요.

이제 신나는 일만 남았다옹! 이 모든 지식과 정보로 무장한 여러분은 별을 볼 때마다 그저 하늘에 뜬 반짝이는 점이 아니라 친구라고 여기게 될 거다냥. 우주는 여러분이 앞으로 평생 함께할 친구다냥냥!

이제 떠나요!

여러분은 밤하늘을 관찰할 완벽한 준비를 마쳤어요.

밤하늘을 관찰하러 밖에 나갈 때는 항상 미리 계획을 세워야 해요. 어디로 가고 싶은지, 누구랑 가서 무엇을 관찰할 것인지 미리 정하는 게 좋아요. 인공위성에서 별똥별, 북두칠성에서 은하수까지 밤하늘에서 우리가 관찰할 수 있는 것은 매일 달라지죠. 매일 새로운 모험이 기다리고 있어요. 별자리를 안내 도구 삼아 밤하늘을 관찰해 봐요.

용어 정리

★ 국제우주정거장(ISS)
현재 가장 큰 인공위성이며 여러 나라에서 온 우주비행사들이 집합하는 곳이기도 하다.

★ 궤도
행성이나 별이 따르는 경로. 지구는 태양 주위의 궤도를 돌며 태양은 은하 속에서 자기 궤도를 따른다.

★ 극축
지구가 자전하는 축.

★ 달의 위상
달이 한 달 동안 시간이 흐르면서 초승달에서 보름달로 모습을 바꾸는 것. 태양에서 온 빛이 달 표면에 각각 다른 각도로 반사되면서 이런 현상이 생긴다.

★ 명암경계선
우리 태양계의 모든 천체에 생기는, 해가 비추는 구역과 어두운 구역의 경계선.

★ 별 건너뛰며 찾기
밤하늘에서 어떤 무리에 속한 별을 먼저 찾고 이어 또 다른 별로 넘어가는 것.

★ 별똥별
우주에 있다가 지구의 대기에 들어온 천체가 환하게 타오르는 것. 화구와 유성이라는 두 종류가 있다.

★ 별자리
먼 옛날의 신화나 전설에서 비롯한 인물, 동물, 물체를 나타낸다고 여겨지는 밤하늘의 어떤 구역.

★ 북극광
오로라 참고.

★ 분화구
운석이 달 표면에 떨어져서 만들어진 구멍.

★ 빛 공해
인공적인 환경에서 비롯한 불빛으로, 이것 때문에 밤하늘을 관찰하기 어렵다.

★ 산개성단
수십 개, 많으면 수백 개의 별들이 무리를 이룬 성단.

★ 성군
어떤 별자리 안에서 뚜렷이 드러나는 별들의 무리.

★ 성단
은하 속 별들의 작은 무리로, 서로 중력으로 묶여 있다.

★ 성도
일 년 동안 여러 시기에 걸쳐 여러 지역의 밤하늘에서 관찰되는 모습을 지도로 엮은 것.

★ 성운
기체와 먼지로 이뤄진, 우주의 머나먼 곳에 있는 거대한 구름.

★ 암적응
사람의 눈이 밤하늘의 어둠에 적응하는 데 시간이 걸리는 것.

★ 오로라
태양에서 온 플레어가 지구 대기의 기체와 반응해서 만들어진 것. 가장 유명한 오로라는 북극광이다.

★ 우주 쓰레기
지구 주위의 궤도를 계속 돌지만 더 이상 제 기능을 하지 못하는 여러 인공적인 물체들을 통틀어 일컫는다.

★ 우주 암석
운석을 이루는 재료.

★ 운석
대기 중에서 완전히 타 없어지지 않은 별똥별의 일부로, 지표면에 떨어졌을 때는 바위나 금속 조각으로 발견된다(또는 그 둘이 섞여 있음).

★ 월식
지구가 달에 그림자를 드리우도록 태양과 지구, 달이 일직선에 늘어선 순간.

★ 위성
어떤 행성을 도는 모든 물체. 지구의 가장 큰 위성은 달이지만 그 밖에도 국제우주정거장(ISS)처럼 사람이 만든 훨씬 작은 인공위성이 무척 많이 존재한다.

★ 유성우
어떤 혜성이 남긴 우주 암석과 먼지가 강처럼 흐르는 곳에 지구의 궤도가 지나면서 생기는 현상으로, 대기에 유성이 타오르며 떨어진다.

★ 은하
중력에 의해 묶인 수십억 개의 별로 이뤄진 거대한 체계. 우리 지구가 속한 은하는 은하수, '우리 은하'라고 한다.

★ 일식
달이 태양과 지구 사이를 지날 때 생기는 현상.

★ 천문학자
밤하늘을 연구하는 과학자.

★ 태양/별
기체로 이뤄진 엄청나게 뜨거운 둥근 덩어리.

★ 합
밤하늘에서 두 천체가 서로 만나는 것.

★ 행성
중력에 둘러싸여 별 주위를 도는 물질의 덩어리. 지구는 태양 주위를 도는 여덟 개의 행성 가운데 하나다.

★ 화구
밤하늘을 천천히 가로지르며 무척 환한 빛을 뿜는 별똥별. 엄청나게 밝게 타오르다가 다 타서 사라진다.

★ 희미한 얼룩
희미한 빛의 조각처럼 보이는 멀리 떨어진 천체들.

찾아보기

G
G형 주계열성 13

ㄱ
가을철의 별자리 30~33, 38~39
개밥바라기(금성) 44
거문고자리 24~26
게자리 20~22
겨울철 밤하늘 34~37
과거의 천문학 11, 15
구상성단(M13) 27, 55
국제우주정거장(ISS) 52, 60
궁수자리 24, 26
궤도 18, 28, 38, 43, 48, 53, 60~61
그리스 신화 20, 22~23, 26~27,
  30, 32~33, 36~37, 38~39
극축 17, 60
금성 44~47
기체 12~13, 51, 60~61
까마귀자리 20, 22~23

ㄴ
남극 17, 51
낫 21~22

ㄷ
달 9, 40~43
달의 바다 40
달의 위상 41, 60
데네브 24, 26
도시 7~8
독수리자리 23~26

ㄹ
라스알하게 25, 27
레굴루스 21~22
리겔 35~36

ㅁ
마차부자리 35, 37
먼지 구름 28, 55
메두사, 그리스 괴물 32
명왕성 45
목동자리 39
목성 45, 47
물고기자리 38~39
물병자리 38~39

ㅂ
바다뱀자리 20~22
백색왜성 13
백조자리 23~26
백조자리성단 26
뱀주인자리 25, 27
벌집성단(M44) 22
베가 24, 26
베텔게우스 35~36
별 9, 12~13, 16, 46, 61
별 건너뛰며 찾기 15, 60
별 관찰 준비하기 7, 34, 58
별똥별 11, 25, 35, 48, 53, 60
별의 색 13, 23, 26, 29, 36~37
별의 이름 11
별자리 11, 15, 19, 20~27,
  30~39, 58, 60
별자리로 길 찾기 11, 15, 17
봄철의 별자리 18, 20~23
북극 17, 51
북극광(오로라) 50~51, 61
북극성 17, 19, 30, 33

###
북두칠성 15, 17, 19, 30, 33, 36, 39
북십자성 성군 26
북쪽왕관자리 39
분화구 40, 60
빛 공해 8, 29, 60

ㅅ
사계절 18~19
사자자리 21~22
산개성단 55, 60
삼각형관자리 30~31, 33
샛별(금성) 44
성군 15, 26, 31~32, 60
성단 22, 27, 31, 34~35, 37, 55, 60
성도 57, 60
성운 26, 34, 35, 55, 60
소북두칠성 33
수성 44, 47
스피카 20~21, 23
시간 재기 41
시골 8
시리우스 34, 36
쌍둥이자리 34~35, 37
쌍둥이자리 유성우 35

ㅇ
아르크투루스 39
아리아드네, 크레타의 왕 미노스의 딸 39
아폴론, 그리스의 신 23
안드로메다자리 30~32, 38
안전하게 별 관찰하기 7, 58
안타레스 25, 27
알데바란 35, 37
알타이르 24, 26
암적운 8, 28, 60
양자리 38, 39
여름철의 별자리 19, 24~29, 38
여름의 대삼각형 25~26
오로라 51, 61
오르페우스, 그리스 시인 26
오리온성운 35

오리온의 벨트 35~36
오리온의 칼 35~36
오리온자리 35~36
우주 먼지 48~49
우주 쓰레기 53, 61
우주 암석 49, 61
운석 40, 42, 49, 61
월식 42, 61
유성 48, 60
유성우 34~35, 48~49, 61
은하 13, 20~21, 23, 31, 55, 61
은하수 24~29, 61
이아손, 그리스 영웅 38
이중성단 31
인공위성 9, 46, 51~53, 60~61
일식 43, 61

ㅈ

작은개자리 34, 36
작은곰자리 30, 33
적색거성 13
적색극대거성 13
적색왜성 13
전갈자리 25, 27
주황색거성 13
지구의 궤도 18~19, 28, 41~42, 48, 61
지극성 17

ㅊ

처녀자리 20, 21, 23
천문학자 8, 10~11, 43, 48, 54, 61
천왕성 45, 47

천칭자리 20, 23
청색극대거성 13
청색초거성 13
축 17, 60

ㅋ

카시오페이아자리 30~31, 33
카펠라 35, 37
컵자리 20~23
큰개자리 34, 36
큰곰자리 15, 30, 33
키론, 켄타우루스 26

ㅌ

태양 12~13, 16, 18~19, 28~29, 41, 44, 61
태양 폭풍(플레어) 51, 61
토성 43, 45, 47

ㅍ

페가수스자리 30~32
페가수스자리의 대사각형 31~32
페르세우스자리 30~32
프로키온(강아지) 34, 36
플레이아데스성단(일곱 자매) 35, 37

ㅎ

합 47, 61
해왕성 45
행성 9, 18, 37~39, 44~47, 61
헤라, 그리스 여신 22
헤라클레스, 그리스 영웅 20, 22, 25~27, 39
화구 49, 60~61
화성 44~45, 47
황소자리 35, 37
흐릿한 얼룩 54~55, 61
히아데스성단 35, 37

감사의 말

다음 셋에게 이 책을 바칩니다. 먼저 1963년, 파리의 길거리에서 구조된 떠돌이 출신으로 최초로 우주에 갔던 고양이 펠리세트를 기리고 싶습니다. 어떤 이유에서인지 몰라도 펠리세트의 이야기는 최초로 우주여행을 했던 유명한 개 라이카에 비해 훨씬 덜 알려졌습니다. 최근에서야 펠리세트를 기념하는 동상을 세우자는 운동이 일었습니다. 나는 이 책을 읽는 여러분이 시간을 들여 이 고양이에 대해 알아봤으면 합니다. 물론 이 책에 등장하는 펠리시티의 이름은 이 펠리세트에서 딴 것입니다.

그 다음은 작년에 작별 인사를 해야 했던 예쁜 떠돌이 출신 고양이 페기입니다. 페기는 끔찍한 환경에서 삶을 시작했지만, 우리에게 온 이후로 행복해졌고 많은 사랑을 받았습니다. 킬더 스타 캠프에서 하룻밤을 같이 보내면서 페기는 이 책에 대한 영감을 주었습니다. 내가 페기를 밖에 데려갔을 때 이 고양이는 정말로 호기심 어린 표정으로 별이 가득한 하늘을 올려다보았습니다. 나는 그 모습을 보고 밤하늘의 아름다움을 음미하는 고양이들이 얼마나 많을지 생각해 보았습니다.

마지막으로 스텔라에게 이 책을 바칩니다. 스텔라는 밤하늘의 모든 별을 합친 것보다도 내 눈 속에서 더욱 환하게 반짝이고 있습니다.

그리고 도널드, 클로이, 브렌던, 클레어를 비롯해 이 책을 만드느라 고생한 출판사의 담당자 모두에게 무척 감사합니다. 그리고 애초에 이 책이 탄생하게 해 준, 언제나 놀라움을 주는 'L'에게도 감사를 전합니다.

스튜어트 앳킨슨